# *Sainte Catherine Labouré*

Texte de Sœur Marie-Geneviève Roux

et Sœur Élisabeth Charpy

Illustrations de Augusta Curreli

Signe

*Éditeur :*
**Éditions du Signe**
1 rue Alfred Kastler - B.P. 98094 - Eckbolsheim
67038 Strasbourg Cedex 2 - France
Tél. : 03 88 78 91 91
info@editionsdusigne.fr
www.editionsdusigne.fr
Editions du Signe

*Texte :*
Sœur Marie Geneviève Roux
Sœur Élisabeth Charpy

*Illustrations :*
Augusta Curreli

*Mise en page :*
Éditions du Signe, 103445

4e édition


ISBN : 978-2-87718-999-6

Déposé au Ministère de la Justice
à la date de la mise en vente.
Loi N° 49-956 du 16.07.1949
sur les publications destinées à la jeunesse.

Imprimé en U.E.

*Connais-tu, à Paris, la chapelle de Notre-Dame de la Médaille Miraculeuse ?*
*On ne la voit pas de la rue et pourtant chaque jour de nombreux visiteurs de tous pays viennent là pour prier.*

*Veux-tu savoir ce qui attire tous ces pèlerins ? Marie, la Mère de Jésus, y est venue elle aussi, apportant au monde un message qu'elle a confié à Catherine Labouré.*

*Si tu veux connaître le message de Marie et découvrir la vie à la fois si étonnante et si simple de Catherine... ouvre et lis...*
*Tu as entendu parler d'APPEL DE DIEU, de MISSION... Catherine va te dire, à sa manière, comment, toi aussi, tu peux répondre et t'engager... Jésus propose à chacun un chemin personnel.*

*Bonne route !*

M. Juana Elizondo
Fille de la Charité

Fain-les-Moutiers, un petit village, pas très loin de Dijon, qui compte plus de vaches que d'habitants.

Quelques grosses fermes se groupent autour de l'église. Dès l'entrée du village, le regard est attiré par une grosse tour : c'est le pigeonnier de la ferme Labouré... avec ses 600 pigeons !

En pénétrant par le porche on découvre l'étable, les granges et sur la gauche, la maison d'habitation.

Le 2 mai 1806, ouvrant la porte de la salle de ferme, monsieur Labouré appelle ses sept enfants :
– Écoutez la nouvelle ! Vous avez une petite sœur !
– Comment elle va s'appeler ? demande Marie-Louise.
– Catherine-Zoé !
– Et quand on va la baptiser ? s'inquiète Hubert, l'aîné.
– Demain samedi…

Papa travaille aux champs, maman a la charge de la basse-cour et de la traite des vaches, à laquelle elle initie ses filles. Elle va aussi régulièrement au lavoir. Malgré toutes ces activités, elle prend le temps pour instruire elle-même ses enfants et leur donner une éducation chrétienne.

Toute la famille se réjouit encore de la naissance des deux derniers enfants, Tonine et Auguste. Mais, après l'accident d'Auguste, tombé d'une charrette et resté infirme, la vie devient plus difficile.

Ce souci de l'avenir du petit dernier et le travail trop lourd ruinent la santé de madame Labouré.
Elle meurt le 9 octobre 1815.

Catherine, âgée de neuf ans, est toute bouleversée. Au milieu de ses larmes, elle se souvient de la prière que sa maman leur faisait dire fidèlement chaque soir. Dans un élan de confiance, elle prend la statue de la Sainte Vierge qui est sur la cheminée et lui dit : « Maintenant, c'est Toi qui seras ma maman. »

Trois ans plus tard, Marie-Louise la grande sœur, qui a 23 ans, veut répondre à l'appel de Jésus et devenir religieuse. Elle annonce à son père qu'elle veut être Sœur de Saint-Vincent de Paul :
– Qui s'occupera de la basse-cour et d'Auguste ? interroge monsieur Labouré, inquiet.
– À nous deux, Tonine et moi, nous ferons marcher la maison, répond Catherine, du haut de ses douze ans.

Levées de très bonne heure, les deux fillettes vont du pigeonnier à l'étable, du jardin à la cuisine. Les repas sont prêts à l'heure, Auguste est bien soigné. Monsieur Labouré est content.

Comme tous les enfants, Catherine aime jouer et se promener dans ses moments libres. Dans le village on l'appelle souvent Zoé…
C'est son deuxième nom.

Juste avant le départ de Marie-Louise, Catherine a eu la joie de faire sa première communion au village voisin, Moutiers-Saint-Jean, car depuis la Révolution, il n'y a plus de prêtre à Fain-les-Moutiers.

Le matin avant son travail et souvent dans la journée, Catherine aime prier Jésus. Elle se rend dès qu'elle peut à l'église du village, toute proche de la ferme.

Une nuit, Catherine fait un rêve dont le souvenir la poursuit.

«Je priais dans l'église de Fain. Un vieux prêtre est venu dire la messe. Il m'a regardée et j'avais envie de fuir. Il m'a dit: "Un jour, tu me retrouveras. Dieu a un projet pour toi…"»

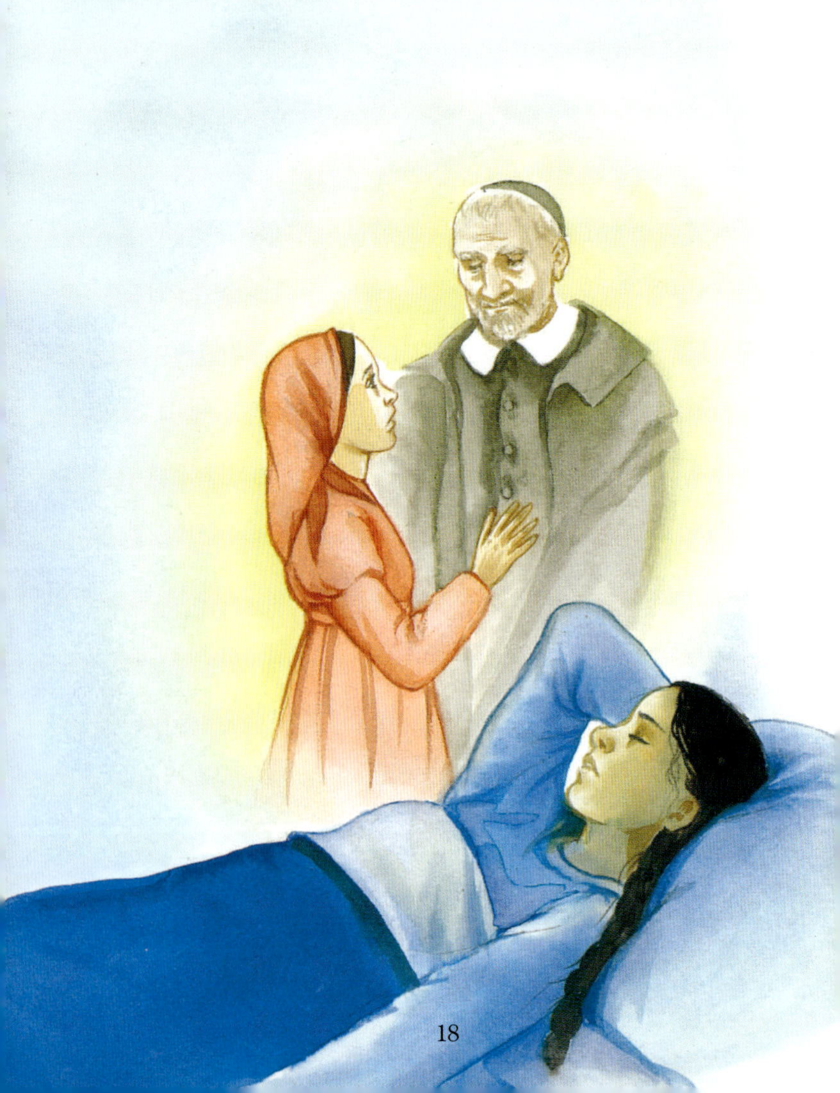

– Je veux être Fille de la Charité ! dit un jour Catherine.
– Ah non ! J'ai déjà donné une fille à Dieu, ça suffit ! Tu ne partiras pas, répond monsieur Labouré.

Catherine est tiraillée. Que doit-elle faire ? Obéir à son père ou à Jésus ? Elle continue le travail à la ferme tout en gardant son projet dans son cœur.

Quelques mois plus tard, elle revient à la charge :
– Je voudrais être Fille de la Charité.
– Ça ! Jamais ! répond le père, excédé. Pour te changer les idées, je t'envoie à Paris chez ton frère Charles. Tu l'aideras dans son restaurant.

Le cœur lourd, Catherine quitte Fain-les-Moutiers, laissant à Tonine la charge de la ferme. Charles est heureux d'accueillir sa jeune sœur ; mais très vite il découvre sa souffrance. Il en parle à son père, mais lui ne veut rien entendre.

Les frères de Catherine se concertent et Hubert se propose de l'accueillir dans le pensionnat que tient sa femme, pas très loin de Fain-les-Moutiers. Là, à Châtillon-sur-Seine, elle apprend à lire, à écrire, ce qu'elle n'avait pu faire à la ferme à cause de la maladie et de la mort de sa maman.

Catherine découvre avec joie qu'il y a des Filles de la Charité à Châtillon et, dès qu'elle peut, elle se rend chez elles. À l'entrée de la maison, un tableau arrête son regard :

– Qui est donc ce prêtre ? demande-t-elle.

– C'est Vincent de Paul, notre fondateur !

– Mais c'est celui que j'ai vu en rêve !

Voyant Catherine si heureuse lorsqu'elle va chez les Sœurs de Châtillon, Hubert décide de parler à nouveau au père Labouré. Celui-ci se laisse convaincre, finit par accepter la vocation de sa fille et son départ définitif de Fain-les-Moutiers.

Le mercredi 21 avril 1830, Catherine Labouré est reçue au séminaire des Filles de la Charité, 140 rue du Bac, à Paris.

Le dimanche suivant, 25 avril, la capitale est en fête. Le corps de saint Vincent – qui avait été caché pendant la Révolution française – est porté en triomphe de la cathédrale Notre-Dame de Paris à la chapelle des Prêtres de la Mission. Une foule immense l'accompagne, Catherine participe à cette procession avec les autres Sœurs : c'est la fête de la charité.

Le soir, pendant la prière, elle voit – comme en songe – *le cœur* de saint Vincent. Il lui fait pressentir les événements douloureux qui vont arriver en France et il l'invite à *allumer la charité dans les cœurs*.

Au séminaire, la journée s'écoule entre le travail, la prière et l'étude. Pendant dix à douze mois, les Sœurs se préparent à devenir Filles de la Charité…
Rien ne distingue Catherine des autres.

Et pourtant… le 18 juillet… un peu avant minuit, Catherine entend une voix :
– Ma Sœur ! Levez-vous vite ! Venez à la chapelle ! La Sainte Vierge vous attend !
– Mais on va m'entendre !
– N'ayez crainte, tout le monde dort bien !

Catherine se lève et découvre près de son lit un petit enfant resplendissant de lumière. Elle le suit jusqu'à la chapelle tout illuminée… Là, elle attend avec un peu d'inquiétude.

Catherine raconte :
« Soudain, j'entends du bruit... Quelqu'un vient s'asseoir dans le fauteuil... mais je doutais. "C'est la Sainte Vierge", dit l'enfant. Alors je n'ai fait qu'un saut auprès d'elle, à genoux devant l'autel.
J'ai posé mes mains sur ses genoux. Il s'est passé un long moment... le plus doux de ma vie. »

Au cours de cette première rencontre, Marie prend le temps de parler à Catherine. Elle lui annonce qu'elle lui confiera une mission; elle l'avertit de ne pas se laisser arrêter par les difficultés, mais de venir prier Jésus présent dans l'Eucharistie.

« Revenue à mon lit, il était deux heures du matin, j'ai entendu sonner l'heure mais je ne me suis pas rendormie. »

Le 27 novembre 1830, deuxième visite de Marie à Catherine.
« C'était l'heure de la prière du soir ; j'étais à la chapelle avec toutes les Sœurs ; j'ai vu la Sainte Vierge, debout, offrant à Dieu le globe terrestre qu'elle tenait dans ses mains. De ses doigts sortaient des rayons de lumière, symbole des grâces qu'elle accorde à ceux qui les lui demandent. »

« Ensuite, j'ai vu comme un ovale se former autour de la Sainte Vierge avec cette prière : *Ô Marie conçue sans péché priez pour nous qui avons recours à vous.*

L'ovale s'est retourné et j'ai vu la lettre M surmontée d'une croix et au-dessous deux cœurs, le cœur de Jésus couronné d'épines, le cœur de Marie transpercé d'un glaive, et une voix me dit : "Faites frapper une médaille sur ce modèle, les personnes qui la porteront avec confiance recevront beaucoup de grâces." »

Le 5 février 1831, Sœur Catherine quitte le séminaire. Elle est envoyée à la maison de retraite, rue de Reuilly, à Paris. Cette maison, située dans une grande propriété, accueille une cinquantaine de personnes âgées, peu fortunées, qui sont soignées et servies par sept Sœurs.

Étant la plus jeune, Catherine est affectée aux travaux les plus rudes : cuisine, soin de la basse-cour et de la ferme. Le bon sens et la compétence de la paysanne de Fain-les-Moutiers font merveille. Malgré le peu de ressources de la maison, elle s'ingénie à préparer des plats appétissants pour le bien-être de tous.

Au milieu de ses multiples occupations, Catherine ne cesse de penser à la mission qui lui a été confiée. Comment la réaliser sans attirer l'attention sur elle ? Elle comprend qu'elle doit demeurer inconnue et trouver un moyen pour que le message soit diffusé. Sur le conseil de la Sainte Vierge, elle en a parlé au Père Aladel, qu'elle connaît bien. D'abord incrédule, celui-ci se laisse peu à peu ébranler par la ténacité toute simple de Catherine.

En 1832, avec la permission de l'archevêque de Paris, les premières médailles sont gravées. Le Père Aladel vient lui-même en donner une à chaque Sœur de la maison de retraite. Il est émerveillé par la discrétion et la force de Sœur Catherine qui reçoit la sienne sans rien laisser paraître.

À Paris, une terrible épidémie de choléra fait rage. Les morts se comptent par milliers dans tous les quartiers; une Sœur de la communauté de Catherine est parmi les premières victimes. Pour faire face à ce fléau que rien ne peut arrêter, les chrétiens prient.

Les Filles de la Charité répandent la médaille autour d'elles et elles invitent les malades à répéter la prière laissée par la Vierge Marie à Catherine: « Ô Marie conçue sans péché priez pour nous qui avons recours à vous. »
Oh surprise ! On assiste à des guérisons inattendues et à des conversions extraordinaires.

Cette petite médaille que les malades ont accepté de porter est très vite appelée par le peuple : Médaille Miraculeuse… un nom qui lui restera !
Trois ans plus tard… en 1835… un million et demi de médailles sont gravées et diffusées dans toute l'Europe.

Sœur Catherine est maintenant responsable du grand dortoir où vivent les hommes âgés. Elle les aime tous. Si elle a une préférence, c'est pour le plus malheureux ou le plus désagréable. Quand on lui reproche de ne pas punir ceux qui rentrent ivres, elle répond :
« C'est que, malgré tout, je vois Jésus en eux. »

En même temps que le service des vieillards, Catherine assume l'entretien de la petite ferme de l'hospice. Aux poules et aux lapins, elle adjoint des vaches pour avoir du bon lait, et des pigeons qui lui rappellent ceux de la ferme familiale.

Avec vigueur, elle défend le jardin potager contre les gamins du quartier toujours prêts, tels des oiseaux, à grappiller. Les fruits les meilleurs sont pour les personnes âgées de la maison.

Malgré toutes ses activités, Catherine prie beaucoup. Elle raconte elle-même comment :

« Lorsque je vais à la chapelle, je me mets là devant le Bon Dieu et je lui dis : “Seigneur, me voici, donnez-moi ce que vous voulez.” S'il me donne quelque chose, je suis bien contente et je le remercie ; s'il ne me donne rien, je le remercie encore parce que je n'en mérite pas davantage. Et puis, je lui dis tout ce qui me vient à l'esprit. Je lui raconte mes peines et mes joies, et j'écoute. Si vous l'écoutez, il vous parlera aussi car, avec le Bon Dieu, il faut dire et écouter. Il parle toujours quand on y va simplement. »

À cette époque, les ouvriers vivent dans des conditions déplorables. La crise économique se fait durement sentir en France et particulièrement dans les grandes villes. Dans le quartier de Reuilly, les enfants travaillent dans des fabriques de papier dès l'âge de 6 ans. Ces enfants exploités sont aussi victimes de l'alcoolisme et de la violence.

Soucieuse de l'avenir de ces jeunes, la communauté de Sœur Catherine ouvre une école pour les petits et organise des réunions du soir pour ceux qui travaillent.

Cette initiative rejoint la demande de la Vierge Marie à Catherine en faveur des jeunes: que les Sœurs s'occupent de leur formation humaine et chrétienne et créent, dans ce but, une association. Cette association est établie à Reuilly en 1851 et la nièce de Catherine en fait partie.

Pendant que Sœur Catherine travaille et prie à l'hospice, la petite médaille se répand partout en France et en Europe.
« D'où vient cette médaille ? » c'est la question que tout le monde se pose.

À Reuilly, les Sœurs en parlent aussi :
– On dit que c'est Sœur Catherine qui a vu la Sainte Vierge.
– Ce n'est pas possible. Elle est comme tout le monde !

Sœur Catherine garde le secret et gronde même les Sœurs trop bavardes. Cependant elle n'hésite pas à affirmer à celles qui doutent : « Ma chère, la Sœur qui a vu la Sainte Vierge l'a vue 'en chair et en os' comme vous et moi. »

« Ô Marie conçue sans péché priez pour nous qui avons recours à vous. »
Cette prière inscrite sur la médaille, répétée par des millions de chrétiens, prépare un événement important dans l'Église…

Le 8 décembre 1854, le pape Pie IX proclame le dogme de l'Immaculée Conception.
Quatre ans plus tard, à Lourdes, Bernadette reçoit la visite d'une « belle dame » qui lui dit qu'elle s'appelle « Immaculée Conception ».
Alors qu'à Lourdes, Bernadette est connue dès le début des apparitions, à Reuilly, Catherine garde le silence… un silence qui durera 46 ans.

En juillet 1870, Napoléon III déclare la guerre à la Prusse. L'écrasement de la France est rapide et le peuple se révolte contre l'empereur. Ce grand mouvement populaire, appelé la Commune, embrase Paris. Le quartier de Reuilly est au cœur du conflit.

Les Sœurs soignent les blessés des deux camps. Ceux qui se battent envahissent le couvent.
Catherine est arrêtée et conduite au poste de police. On lui demande de témoigner contre « la Valentin », une femme fanatique employée à l'hospice, dont elle a beaucoup souffert. Les juges sont surpris ! Catherine ne dit rien car pour les Filles de la Charité, tout être humain, même le pire de tous, a droit au respect.

Catherine sent ses forces diminuer et la mort qui approche. Elle est tourmentée car une demande de la Vierge n'a pas été réalisée. Qui donnera l'autorisation de sculpter la statue de Marie tenant le globe de la terre dans ses mains ? Le Père Aladel qui avait reçu ses confidences est décédé.

Elle en parle à sa Supérieure, Sœur Jeanne Dufès, et lui raconte ses entretiens avec la Vierge Marie.

– Vous avez été bien favorisée, dit Sœur Jeanne, émue.

– Je n'ai été qu'un instrument. Si elle m'a choisie, moi qui ne sais rien, c'est pour que l'on ne puisse pas douter d'elle.

– Sœur Jeanne, il faut faire une statue de Marie tenant la terre entre ses mains. De même qu'une mère porte son enfant dans ses bras, Marie présente à Dieu toute la vie du monde. Elle nous invite à aimer le monde comme Jésus l'a aimé et à bâtir un monde nouveau.

Devant la statue enfin réalisée, Catherine est déçue :
– La Sainte Vierge est bien plus belle !

Décembre 1876, Catherine, de plus en plus fatiguée, ne sort plus. Elle affirme avec calme : « Je ne verrai pas la fin de l'année. »
Le 30 décembre, son état s'aggrave.
– Sœur Catherine, n'avez-vous pas peur de mourir ? demande Sœur Jeanne.
– De quoi aurais-je peur ? Je vais voir Notre Seigneur, la Vierge Marie et saint Vincent.

Le lendemain, Catherine reçoit la communion. Les Sœurs disent le chapelet avec elle et doucement, un sourire paisible sur les lèvres, elle meurt.
Alors, Sœur Jeanne déclare :
– Il n'y a plus rien à cacher. C'est Catherine qui a vu la Sainte Vierge et qui a reçu la mission de faire frapper la médaille miraculeuse.

– À la chapelle, Sœur Catherine se tenait immobile, les yeux fixés sur la statue de la Sainte Vierge, dit Sœur Philomène. J'y pense encore lorsque je vois la place où elle se tenait.
– J'aimais beaucoup réciter le chapelet avec elle, ajoute Sœur Anne-Marie, elle m'apprenait à prier.

Le 3 janvier 1877 une longue procession parcourt les trois jardins de Reuilly. La foule est venue nombreuse. Cet enterrement est un vrai triomphe pour celle qui a toujours voulu rester inconnue.

Catherine est déclarée sainte par le pape Pie XII, le 27 juillet 1947. Aujourd'hui, son corps repose dans la Chapelle de la Médaille Miraculeuse à Paris, 140 rue du Bac.
Cette chapelle est devenue lieu de pèlerinage. Comme à Lourdes, les foules répondent à l'invitation de la Vierge Marie :
« Venez au pied de cet autel, là les grâces seront répandues sur tous ceux qui les demanderont avec ferveur. »

# *Le sais-tu ?...*

**Association**
Appelé autrefois Association des Enfants de Marie, ce mouvement de jeunes porte aujourd'hui le nom de « Jeunesse Mariale ». Il existe dans 60 pays et regroupe environ 200.000 jeunes.

**Chapelle des Prêtres de la Mission**
Ce sont les prêtres formés par saint Vincent de Paul (voir le livre de la même collection qui raconte la vie de ce grand saint). Ils sont envoyés pour annoncer partout l'amour de Dieu, mais surtout auprès des plus pauvres. Dans leur chapelle à Paris, 95 rue de Sèvres, on peut voir le corps de saint Vincent de Paul.

**Choléra**
Maladie grave, contagieuse et très souvent mortelle.

**Conversion**
Action de se tourner vers Dieu, de croire en lui.

**Crise économique**
Situation difficile dans un pays ou une région, marquée par le manque d'argent et de travail.

**Dogme**

Vérité de Foi à laquelle l'Église demande de croire.

**Filles de la Charité**

À l'époque de saint Vincent de Paul, ce sont des jeunes filles de milieu simple (paysannes ou villageoises) qui donnent toute leur vie à Dieu. On les appelle aussi Sœurs de saint Vincent de Paul. À cette époque, les religieuses sont obligées de rester à l'intérieur de leur couvent. Vincent ose envoyer les Filles de la Charité partout, inventant ainsi une nouvelle forme de vie religieuse. Il les envoie dans les quartiers pauvres et parfois dangereux, dans les taudis des malades, les hôpitaux, les prisons et même sur les champs de bataille. Il leur dit : « Vous aurez pour couvent la maison des malades ; pour cloître les rues de la ville ; pour chapelle, l'église de la paroisse. » Avec elles ont commencé les premières institutrices des campagnes, les infirmières à domicile, les assistantes sociales, les visiteuses de prison, les éducatrices pour les enfants et jeunes en difficulté...

**Immaculée Conception ou « Marie conçue sans péché »**
Choisie par Dieu pour être la Mère de Jésus, Marie a été comblée de grâce et préservée de tout péché dès le premier instant de sa vie.

**La Commune**
Soulèvement révolutionnaire très violent qui eut lieu à Paris en 1871. Il fut provoqué par les ouvriers mécontents de leurs mauvaises conditions de vie.

**Mission**
Projet confié à une personne.

**Révolution**
Bouleversement violent, changement politique ou social qui provoque parfois des émeutes, des combats sanglants.

**Séminaire**
Lieu d'étude et de formation pour se préparer à devenir prêtre, religieux ou religieuse.

**Vocation**
Appel de Dieu, désir profond de se donner à lui.

## *Prière*

*Merci Seigneur Jésus*
*pour la vie de Sœur Catherine.*

*Merci pour son courage dans les difficultés*
*et sa volonté pour répondre à ton appel.*
*Merci pour la joie que tu lui as donnée*
*de rencontrer la Sainte Vierge*
*et pour la Mission que tu lui as confiée*
*de la faire connaître et aimer*
*dans la beauté et la pureté de son cœur immaculé.*
*Merci pour son silence et son humilité,*
*sa joie et sa paix,*
*sa prière et sa vie toute simple*
*au service des personnes âgées et malades.*

*Seigneur Jésus, comme Sœur Catherine,*
*apprends-moi à recevoir tout simplement*
*les joies que tu me donnes.*
*Mets dans mon cœur le désir de te parler,*
*de t'écouter et de faire ce que tu me demandes.*
*Que Marie, ta Mère, me conduise vers toi*
*et vers ceux qui ont besoin de mon sourire*
*et de ma joie.*
*Merci Seigneur Jésus.*

*Amen.*